KB249848

창비시선 129

이 영 진 시 집

숲은 어린 짐승들을 기른다

차   례

제 1 부

제 2 부

제 3 부

제 4 부

제 1 부

한천 저수지*

고인 물이 무겁다. 산그늘 물에 잠겨 고요하고 아무
도 보이지 않는다. 산들은 늙은 몸 안에서 끝없이 꽃
들을 토해내고 꽃들이 떨어져 시간이 곪는다. 손가락
에 든 가시는 아프지만 곪은 시간은 아프지 않아. 하
늘을 헤아리지 않아도 나이 사십의 밤하늘에 별이 뜨
고 더러 눈도 내리고 곪은 상처가 터져 꽃이 피더니
임종하는 법도 알 것 같다. 바람이 스쳐가는 인연도
알 것 같아. 마지막 생의 끝 시간, 그 끝에 앰뷸런스
가 와 멎고 아직은 빈 채인 무덤 가에 개나리 피어 호
남탄좌 가는 길가에 한순간 세상이 밝았다.

* 전남 화순군 한천면 호남탄좌 입구에 있는 저수지.

장 성 역

흉터가 환한 분꽃 같아, 누구에게나 기차는 다가와 눈앞에 서고, 콜타르 녹아 진득한 갱목을 건너 문 안으로 들어서면 모든 것이 눈 안에 아프게 와 박혔지, 그래 사방천지 가득히 어린 벼들이 푸르고, 깜깜한 햇살 아래서 기차는 떠났지. 등뒤에 너는 서 있네. 아무런 표지도 없는 무덤처럼, 낮게 엎드린 능선들, 양어깨 사이로 얼굴을 묻고 웅크린 산들이 천천히 움직이기 시작했네. 너에게서 멀어지는 거리와 나에게서 멀어지는 너의 눈빛, 그 한가운데 차단기를 내리고 서 있는 무심한 역사, 누구에게나 멈출 수 없는 시간은 있어. 달아오른 참숯을 집어삼키고 겁없이 마구 꽃잎을 게워내던 우리 온몸의 가지여. 오오 벙어리가 되던 산, 흘러갔네. 온 산의 나무들 빠르게 쓰러져 눕고, 숲속 가득 수분이 차오르던가. 상서로운 여름날, 역전 앞 다방 창밖엔 흰구름, 칸나꽃 더위에 사위어 그늘지던 날, 아아 하늘 밑 누구에게나 그렇게 오지. 온 생을 허무는 재앙은.

다산 묘소 가는 길

흐르는 물을 거슬러 더러 양수리를 향해 가지. 쉼없이 흐르는 탓일까. 강엔 언제나 물이 많아, 양켠에 늘어선 산들이 물 속으로 포개어 눕고, 어느 때를 가릴 것 없이 길은 비좁다. 찻길 변에는 때아닌 산 오징어와 북한 소주가 좌판 위에 널려 있고, 그래 세상에 팔지 못할 것이 무엇이겠느냐. 동해 속초 너머 화진포 어림 어디쯤이나 평안도 해바라기 고운 회천 어디쯤이 아니어도 쉼없이 팔고 또 팔 수 있겠지. 늘어선 가로수 푸른 잎새 사이로 '實事求是' 그대 먹을 갈아 붓을 들던 그 地心 깊은 손길이 안타깝지만 강처럼 흐르는 이 쉼없는 욕망이 그대에게 가는 길보다 더 멀다.

다산, 그대 묘소를 내려와 물가로 가면 매운탕집 간판보다 먼저 수국이 피어 길 떠나온 먼 세상의 더운 가슴을 삭이라 이르고 빈 산 가득 낮뻐꾸기 정정히 울어 고요히 가라앉은 물 속에 무거운 짐을 부리라 한다. 서둘지 말고 천천히, 쉼없이 오라 한다. 수국 피

어 그림자 진 고요한 물가, 그대 오래도록 잠들지 않
은 그 먼 길.

문 중 산
하얼삔에서 돌아온 재덕 형에게

사창* 가는 십리 물길에 산들이 젖었다. 봄이면 햇살 속으로 가물가물 요령소리 멀어져가고 당산 밑 상여 위에는 종이꽃이 피어올라 봄이 고왔다. 흙담 위로 내려앉는 어둠은 무거웠지만 밤 깊은 봉창가엔 불이 밝았고, 가마니 짜는 소리 비껴가는 소리 없는 그림자 하나 사립문을 나섰다. 이제 저수지 물가엔 발자국 소리 들리지 않고, 토하 잡던 물가의 작은 불빛들마저 사라졌다. 마을로 내려가던 길가 제각 곁엔 잡풀만 무성해 길이 없었다. 유실수를 심다 떠나버린 산지기네 부뚜막엔 비가 들이쳐 그이의 저승꽃 핀 순한 얼굴, 낮은 기침소리 산그늘 속에 묻혀버렸다. 몇번의 장마가 지고 당숙네 큰 송사가 끝난 뒤 대밭 밑의 샘물은 말라버렸다. 녹슨 수문 밑에선 굵은 가물치들 공비처럼 숨어 살다 당숙의 상한 가슴 약탕기 속에서 뼈까지 자근자근 녹아들었다. 마을 앞 들녘은 때도 없이 소나기에 젖고 퇴비 쌓인 마당가엔 밤꽃이 낭자했다. 밤나무 그늘 밑에서 숨죽여 관음사를 써내리던 귀밑머리

검던 누이 꽃향기에 취해 저문 산길, 어둔 물길을 밟아, 상사의 길 떠났다. 눈에 익은 길 모두 버리고 긴 머리 풀어 물 속으로 사라지고 난 뒤 남몰래 이름없는 비석을 짊어지고 문중산으로 들어갔던 옛 사내. 당숙은 아직까지 세상에 나오지 않았다.

* 전남 장성군 사창읍.

본 적 지

　내 본적지엔 지금도 한세상 징역 살듯 늙어가는 부
모님이 계십니다. 뜰앞엔 무화과나무 한그루 브로크 담
벼락을 가리운 채 소리 없이 가슴에 돋는 피를 삭이고
있습니다. 고문하지 않아도 그저 고문 같은 세월, 끝
나지 않는 통증 속에서 꽃조차 피우지 않고 열매를 맺
는 것은 누구의 겸손을 배운 탓일까요. 모든 것을 눈
빛과 한숨으로 대신하던 당신들은 지금도 여전히 말이
없고 세들어 살던 사람들마저 떠나버린 빈집에 간간이
도둑고양이의 시장기 서린 울음소리만 들려옵니다. 마
루 끝 먼지 낀 외등에 불을 켜면 예전처럼 하루살이떼
들 쉼없이 날아들고 아버님, 당신이 평생 동안 기다렸
던 북쪽의 편지는 오지 않습니다. 비만한 세월의 감당
할 길 없는 피로가 수액을 다 빨아들인 탓일까요. 뼛
속까지 숭숭 구멍이 뚫려버린 골다공증의 관절을 스스
로 주무르며 돌아눕는 당신 곁에서 나 또한 끝나지 않
는 긴 기다림을 새로이 시작합니다. 내 사지에 붉은
꽃, 피어오르지 않아도 온몸에 향그러운 과육이 가득

차 오를 때까지 우리의 가난하고 헐벗은 담장을 떠날
수는 없습니다. 신발 끄는 소리를 죽이며 무화과나무
밑을 지나 마당으로 내려서면 등뒤에서 가득 전해져오
는 따스운 온기에 나는 언제나 눈시울이 뜨겁고, 아버
님, 당신이 그랬듯이 아직 사는 일이 끝나지 않았으므
로 나는 다시 문을 나서 길을 떠납니다.

입 관

미카엘, 그는 황금빛 검을 높이 들어 어둔 세계를 잘
랐다. 그러자 혼돈 속에서 푸른 하늘이 보이고 내 온몸
은 금이 갔다.

너는 하늘로 가고 나는 까닭없이 임진강 나루 문산
까지 왔다. 네가 막 떠나가는 하늘가엔 태풍이 오려는
지 낮은 풀섶 위로 선득선득 바람이 불어가고 푸른 하
늘 가득 흰 뭉게구름 솟구쳐 끝이 없다. 구름 사이로
가만히 열린 하늘. 저 푸르게 빛나는 높은 문 앞에서
잠시 뒤돌아보며 조용히 웃고 있는 네 순한 얼굴. 바
람보다 더 가벼운 몸짓으로 너는 과연 어디로 가는 것
이냐, 지상 위에 단 한점의 죄도 떨구지 않고 떠나는
이 정갈하고도 작은 사내야. 아무런 시간도 나누어주
지 못한 나는 너를 얼마나 사랑한 것이냐, 나무탁자
위에 놓인 붉은 깍두기며 소줏병 내 가까이에 엎드려
있는 이 모든 세계 앞에서 바위보다 더 무거워진 나는
참으로 너를 잃은 것이냐, 우리가 익숙하게 얻고 또
잃는 것, 우리가 서로 몸 바꾸어 떠나고 남는 것, 어
쩌자는 것이냐, 네가 홀연히 입고 나서는 누런 삼베옷
한벌. 네 육신을 아프지 않게 묶어가는 종이끈 몇줄.

네 검게 식은 얼굴. 차갑게 굳은 뼈를 녹여내는 네 젊은 아내의 호곡소리와 아직은 삶 속에 남은 자들의 염치없는 침묵. 어쩌자는 것이냐, 바람은 애시당초 무심하거늘 아아, 사랑을 잊고 사는 죄, 눈물 따위로는 어찌할 수 없는 잔인한 의지여, 태풍은 아직 오지 않고 한순간에 썩어 물렁물렁해진 내 더러운 가슴 너머 긴 갯벌 위로 어둠이 내리고 눈시울에 가득 고인 눈물처럼 저녁 임진강은 흐르고 아무 결론도 없이 아무런 해명도 없이 시간은 멈추고 너는 떠나고 더이상 돌아갈 집이 없는 나는 여기에 홀로 이렇게 남고.

* 시인 송보웅군은 1994년 8월 6일 새벽 1시 전군가도에서 자동차 사고로 세상을 떠났다. 미카엘은 그의 천주교 세례명이다.

炭　　脈

익명의 이름들이 세계를 이룬다

산들은 말을 하지 않는다. 나무들은 산을 떠나지 않
고 산 또한 뿌리 밖에 홀로 서지 않는다. 산과 나무들
은 서로를 강하게 끌어안을 뿐, 흙향기 싱싱한 아랫도
리 가득 벌려 서로를 깊숙이 받아들일 뿐. 나무는 산
이 된다. 산은 다시 나무가 된다. 그러나 보아라, 쏟
아져내리는 폭포여, 포성처럼 온 산을 흔드는 거대한
의지여, 세계 속에 우뚝우뚝 솟구치는 만산의 무게를,
세계는 의지 밖에 있어, 어느 때 산이 스스로 문을 열
어 소리치던가, 언제 금맥이 지하에 암장된 황홀한 옷
자락 흔들어 그대를 부르던가, 검은 침묵을 가슴에 묻
은 탄맥이 스스로 타올라 불이 되던가, 산속에 내장된
나무들의 뿌리는 결코 보이지 않고 산의 내부를 빈틈
없이 움켜쥔 수만의 손들아, 산의 무게와 형체를 지탱
하는 그대들의 손아귀, 무덤 속 뼈마디까지 열어젖히
며 한 세계를 이루는 따뜻한 실핏줄, 그대들의 손길을
따라 다치지 않은 처녀의 물소리 흐르고 온 산 가득
더운 숨결, 물안개 피어오른다. 오늘도 바람가에 망초

18

꽃 한송이 새로이 피어오르고, 눈을 들어 산을 바라다
보면 어김없이 나무들의 뿌리 보이지 않고, 오오, 숲
은 우거져 어린 짐승들을 기른다.

다만 침묵 속에 있을 뿐

　죽음이 스쳐 지나간 길가엔 흔들리는 풀잎들도 말씀
을 안다. 생선가게 목판 위로 불어가는 더운 바람이나
푸른 배춧단을 싣고 달리는 짐바리 자전거, 그 바퀴의
회전에 튕겨나오는 햇살, 튀김가게 끓는 기름 속에 던
져지는 밀가루 반죽의 살 터지는 소리까지 모두 다.
말씀으로 살아 가슴에 생피가 돈다. 금동시장 천변가
를 걷다 보면 다 보이고 다 들린다. 똥물보다 더 검게
흐르는 물 위로 무엇이 스쳐 지나갔는지 남광주역을
출발해 남행을 시작하는 기차들이 느린 몸짓으로 무엇
을 이야기하는지 다 들을 수 있다. 사랑이 스쳐 지나
간 이 거리에 서면 언제나 잠든 피들이 살아나 우리의
이 평범한 시간들 속에 묻힌 말씀을 흡입한다. 아무렇
지 않게 다만 침묵 속에 있을 뿐 이 거리의 모든 허공
속에 가득한 말씀, 다 들을 수 있다.

한계령 넘어 낙산에 와도 1

등고선

  그리움이 끝난다면 다시 길 떠날 수 있을까, 우리는
저마다 자기 앞의 시간 위에 높다랗게 등고선을 그려
넣고 거친 바람 앞에 마주 섰어, 한계령도 결코 높지
않았지. 사자처럼 갈기를 세우고 울어젖히며 우리는
다만 목이 말랐을 뿐, 숨쉴 수 없이 불어닥치던 바람,
빠르게 흘러갔어, 우린 바람 속 곳곳에 무덤을 파고
이름 하나씩을 묻었어, 눈물보다는 차라리 노래를 불
렀지. 서로의 가지 위에 제각기 둥지를 틀고 문을 닫
아거는 손들이여, 이제 함께 지켜야 할 그 무엇도 남
지 않은 것일까, 차운 돌멩이 속까지 덥혀내던 네 손
은 온기가 사라졌어. 마주 잡는 손에 이는 찬바람을
떨치고 다시 길 위에 서면 끝내 돌아서지 못하는 긴
그림자들이 흐르는 물길을 따라 산을 넘어오고 아, 숨
가쁘게 지나쳐온 숱한 능선마다 솟구쳐오르는 소리 없
는 수목들이여. 어느 능선 위에 먼저 떠난 사람들의
수의보다 더 푸른 깃발이 펄럭이던가.

한계령 넘어 낙산에 와도 2

고사목

　길이 열리고 그 끝에선 쟁쟁거리는 물소리가 들렸
어. 보이지 않아도 우린 알지. 홀로 출렁이는 것들의
말없는 눈빛과 멈춰지지 않는 그리움을. 말없이 한계
령을 넘다 보면 보이지. 온 숲 가득, 새들의 어린 날
개처럼 바람 속을 향해 잎사귀를 밀어내는 수목들의
물기 가득한 몸짓, 숲이여 너는 마침내 창대하구나,
수목들 사이사이 피 삭은 가지 끝을 하늘 속에 하관하
는 고사목들의 오랜 갈증, 수액이 지나가고 난 빈 통
로에 퇴적된 시간과 바람의 흔적. 그 무명의 갈증을
넘어 바다에 와도 바다는 보이지 않아, 풍경은 더이상
위안이 아니야, 아아 높고 거친 암벽 위에 벌거벗은
채 엎드려 우는 산나리꽃, 너의 몹시 지친 꿈이여. 그
리움 다해 마주 서도 낙산의 바다는 눈시울 밖에서 출
렁일 뿐, 너는 젖지 않는다. 바다는 스스로 가득 차올
라 빈틈이 없고 동쪽 끝, 그 물가에 서면 어둠이 먼저
와 비린 아가미를 열어젖히고, 바다는 느린 물잔등 위
에 오징어배 몇척 거느린 채 무심히 어둠속으로 떠나

버렸어, 한계령을 넘어 바다에 와도 길은 길 위에서
끝이 없었어.

제 2 부

연   꽃

　소나기가 그쳤다. 헛간 처마 끝으로 구름이 느리게
지나간다. 모든 것이 제자리를 걷고 있는데 세계는 자
꾸 앞으로 밀려 나아간다. 일시에 정지되는 것들이여.
나와 대지와 집들, 나는 벼와 잡풀을 베던 낫을 가만
히 내려놓는다. 무성히 자라오르고 또한 베어 넘어지
는 것들. 노동이 멈추어지면 위험도 사라지는가. 도라
지꽃이 핀 장독대 곁을 지나 들녘으로 나서면 젖은 앞
산에서 송진내음이 건너오고 구름은 여전히 정지된 세
계 위를 느리게 지나갈 뿐. 세상 밖의 일처럼. 너무
가까이에 모든 것이 다가와 서 있다. 여름 허기진 오
후, 문득 방죽 가득 연꽃이 피고, 언제 지나왔을까.
전생의 어느 한때 같은 방죽가를 지나 나는 다시 산속
을 향해 걷는다.

구 절 초

　화순 적벽 가는 길 가에 구절초 피고 수몰지 물그림
자 단풍져 붉다. 낡은 자전거에 도시락을 얹고 페달에
힘을 주며 폐광이 다 된 광산을 향해 광부 하나 하얗
게 가고 있다. 불꽃이었던 옛 사내, 어둔 땅속으로 불
을 캐러 간다. 푸른 하늘가, 농창 익은 연시가 불송이
보다 더 밝은 대낮, 화순 적벽 가는 길가에 구절초
피어 저 홀로 한세상 깊어만 가고.

하루살이

너는 세계의 비밀이다

너를 보면 세계의 비밀이 보인다. 까닭없이 설레는 가슴. 그 눈먼 사랑의 막막한 속내까지도 훤히 헤아릴 수 있다. 바람이 불고 어둠이 내려도 길 떠나듯 너는 불을 향해 간다. 네 날개 밑엔 땀이 밴 헝겊 조각처럼 낡은 지붕들이 삭아 흩어지고, 지친 근육에 불을 켜는 가장들의 깊은 한숨소리 들린다. 그들은 지난밤 어디까지 날아올랐을까, 어둠보다 낮게 엎드린 어깨 너머로 징징 형광등이 울고, 그러나 가야 하리라 서로 다른 각도에서 빛이 쏟아져내리지 않을 때까지, 매일매일이 종말은 아니야. 전등을 향해, 온몸으로, 더 가까이, 죽어 하늘에 닿듯이 더 가까이, 홑겹의 날개를 불에 지지며, 균형을 향해 온몸이 날아간다. 멈추어지지 않는 날개여. 너는 세계의 비밀 그 시작이고 끝이다. 서로의 몸 안 깊숙한 곳을 향해 열려 있는 안타까움. 너는 왜 목성에 별이 부딪혀 깨어지는지. 별은 왜 어둠속에서 빛을 발하는지. 대지는 왜 우리의 썩은 육신을 원하는지. 닫힌 문들은 왜 열리지 않으면 안되는

28

지. 무더운 여름날 플라타너스가 서 있는 길가 하늘은 왜 가득 비어 있는지. 너는 세계에 대해 온몸으로 대답한다. 한순간 솜털까지 타오르면서 너의 세계는 사라지지만, 네 작은 몸짓이 사라진 허공은 균형을 완성한다. 그래 너의 불빛은 달빛이나 햇빛은 아니다. 네가 균형을 향해 투신해도 좋은 자연은 아니야. 살아온 시간만큼, 몸 속 어딘가에 구멍이 생기고 꼭 그 구멍의 크기만큼 커지는 그리움. 아아 아무리 다가가도 일정치 않은 사랑의 각도여, 사랑은 균형인가. 불을 향해 길 떠나는 긴 그림자여 목숨보다 먼저 우리를 끌어당기는 저 아득한 불빛들의 속삭임, 불빛 속으로 까맣게 날아드는 날개들의 아름다운 산화.

야산 낮은 풀섶에는

놀랍게도 어느새
습기가 없다.

눈길이 닿는 세상이
온통 눈이 부시다.

저만큼
풀숲 위의 무덤 가에
쑥들이 쇠어가고

하늘 아래
목숨 지닌 모든 것들이
스스로 제 몸의 불꽃을 거두어들이는
지만한 오후

나는 필사적이다.

居善地

슬라브 옥상 위에 있다. 하늘 바로 밑에 아버지의
정원이 있다. 전신이 약인 두충나무 밑에서 비닐 호스
로 물을 뿌리는 그의 손은 환갑이 훨씬 지나도록 쉬지
않는다. 쉬지 않는 손은 늙지도 않는다지. 영산홍꽃이
밝다. 산취 곁에 키 작은 앵두나무, 한란과 나란히 키
맞춘 선인장, 황국, 고추, 라일락, 백년초 이곳에선
한줌의 흙도 빈 곳이 없다. 신용금고에 저당잡힌 만화
가게 옥상 위에 펼쳐논 그의 정원에 들어서면, 이마
위 저만큼에 무등산도 보이고 달빛도 가득 고여 환하
고, 그가 살아온 빚투성이 시간도 무성히 자라올라,
내 육신에까지 뻗어오는 무수한 잔 뿌리로 나는 전생
까지 온통 아파온다.

은행나무 1

화양극장에서 신촌 쪽으로 걸어가면 은행나무들이 먼지 속에 서 있습니다. 어떻게 견뎌왔는지 잎 지고 아프던 자리 어느덧 고요해집니다. 푸른 잎맥 가득히 금빛 입자들이 번져와 습기 없는 도시 한구석이 환해지는 이 가을, 하늘 아래 스스로 약 아닌 식물이 어디 있겠습니까. 때때로 손 내밀지 않아도 소리 없이 하늘이 와 안기고 나는 어느새 귓볼이 빨갛게 젖던 때가 생각나 더러 아물었던 상처가 다시 덧나기도 합니다.

흐르는 피마저 금세 말라붙는 햇살 맑은 날, 그대 내 이마를 뚫고 가던 폭염 속의 금빛 화살이었던가, 못 견디게 뜨겁던 지난 여름의 햇살 여전히 가슴속을 데우는데 아아, 떠나고 다시 또 떠나는 그대 뒷모습 잠시도 사라지지 않습니다. 아무도 기억하지 않는 이 거리 이제 우울한 그늘 아래 머물려 하는 자 많지 않지만 그대 말없이 견디는 온 생애의 그리움이 가깝기만 합니다.

은행나무 2

　떠나갔다고 사라지는 것이 아님을 우린 몸으로 압니다. 방금 떼어놓은 발자국마저 순식간에 흩어져 흔적없어도 그대 함께 걸어왔던 거리만큼 세상은 깊어져 새로이 길이 트이고 풀섶마다 이름없는 꽃이 핍니다. 지상의 모든 쇠붙이들을 녹슬게 하던 우기의 빗줄기들, 아득히 하늘 밖에 멀고 아아, 고요하고 깨끗해진 영역이여, 추락하여 전신으로 대지를 적시던 날의 그대 젖은 눈빛, 나는 비로소 혼자서 걷는 것이 아니라는 걸 깨닫고 있습니다. 수육냄새 구수한 설렁탕집이며, 복집, 단란주점, 간판집, 이발소, 길 건너 은행까지 모두 다 때에 절어 편안해질 때까지 이 따가운 햇살 속 남루한 거리를 걷고 또 걷습니다.

무　　청

　고가도로 너머 깊어진 하늘 아득히 구름이 흘러갑니
다. 어느 변방으로 흘러가는 소식인지 알 길 없으나
오래도록 땀 흘리며 견뎌온 이 자리가 까마득히 사무
칩니다. 햇살이 너무 밝아 세상의 모든 것들 속이 다
들여다보이고 덧없는 세월은 아니었을까, 한순간 사람
의 의지가 초라해지는 거리. 오늘은 난데없이 보도블
록 위에 타이탄 트럭이 올라와 무단을 내려놓고 있습
니다. 전라도 나주 어림 어디였던가. 들녘 가득 무잎
푸르러 바람 맑아도 잔등을 적시던 땀 식을 줄 모르고
아 나는 사실 그렇게 멀리 와 있었던 게 아니었구나.
더운 김이 솟구치는 질긴 힘살, 끝내 무너지지 않았습
니다. 어디서고 빈틈없이 시간을 채워내던 쉴새없는
손길들이여. 거침없이 길바닥에 무단을 내려놓는 손놀
림 위로 햇살이 쏟아져 눈부십니다.

베란다 끝

화분 속에서 난이 자란다.
1센티미터를 허공 속에 밀어올리기 위해
생명은 1억 톤의 피가 필요하다.
온전히 살아 있는 생명이
자라오르기 위해.

풀들은 늙지 않는다 1

醉　氣

　흘러갔을까. 서리 내리던 밤 집 앞 개울가 찬물을
건너 무시로 눈앞을 가로막던 산을 넘어왔지. 산꿩이
놀라 울던 그 어둔 솔밭을 넘어왔어 빈 주머니 속에서
진땀이 배어나던 어린 손주먹. 세상을 움켜쥐어야 할
손 안은 비어 있었어. 어둠속에서도 끝내 멈출 수 없
던 바람 같은 길. 등을 떠밀던 것은 어떤 취기였을까.
떠나오는 등뒤 어둠속으로 거꾸로 걸어 들어가던 목
붉은 사내들이여, 그대들의 무거운 발자국 소리 한시
도 떠나지 않고 고개를 돌려보면 아, 아득해지던 마을
의 불빛. 종갓집 대추나무에 걸려있던 紙燈은 지금까
지 바람에 흔들리고 있을까. 어린 눈빛들이 까맣게 여
물어가는 동안, 우리를 키우던 집 앞 개울은 풍성했
어. 버들치, 피리, 빠가사리, 메기, 물을 거슬러 올라
오던 은어떼들, 물풀 속에 꼬리를 숨기던 각시붕어.
물 속에 손끝을 적신 채 늘어진 키 작은 푼지넝쿨, 그
낮은 허공을 가만가만 밟고 가던 검은 비단잠자리. 손
에 가득 와 만져지던 물 같은 세계, 어느 언덕에 등을

기대도 따뜻했고 끝이 없었어. 아아, 길 떠난 숱한 시
간만큼 되돌아갈 길은 아득해 산은 멀고, 물소리 들리
지 않아. 타오르는 불을 따라 한없이 걷고 또 걸어도
끝없는 취기에 몸을 맡겨도 입은 열리지 않고 추위에
언 몸이 녹을 줄을 모른다.

풀들은 늙지 않는다 2

廢 屋

뜻을 몰라도 좋았지. 정자 추녀 밑 상형문자로 아로
새겨진 현판 아래 망건에 흰옷 입은 노인들 눈이 부셨
지. 한낮의 햇살 번지는 빈 자리에 둘러앉아 그저 햇
살에 삭아 흩어지던 얼굴들. 저 세월만큼 갔으면 좋겠
어. 이제 우리는 썩지 않아 상두꾼을 앞세우고 산으로
갈 수 없어. 향그렇게 제 살을 열어젖힌 촉촉한 황토
흙. 그 고운 흙밭에 날아오는 풀씨들, 강아지풀 몇포
기조차 키울 수 없어. 끝없이 발길을 인도하던 다하지
않는 목마름. 험준한 산맥, 타는 불길을 넘어 끝내 길
은 이곳으로 나 있었거늘. 무엇이 꽃같이 젖어 빛나던
살 속에서 얼음 같은 혹은 불 같은 증오를 앗아갔는
가. 저 차가운 들녘의 돌멩이. 어느덧 집은 허물어지
고 무너진 담장 안엔 풀들이 푸르러, 흘러간 시간이
모두 상실은 아니었을까, 모든 것을 잃으면서도 무섭
도록 끈질기게 감당해온 시간들. 흉터마다 잔인하게
꽃이 피고, 무덤엔 별빛 푸르러 떠나간 이름들이 곱
네. 미처 떠나지 못한 이름들까지. 나리꽃이 핀 무심

한 폐옥 앞에 서면 언제라도 한결같아라. 등뒤의 풀들
은 늙지 않는다. 모든 것이 흘러간 뒤에도.

풀들은 늙지 않는다 3

神 位

마을마다 포근하게 어둠이 내리면 마당으로 모여들던 그렁그렁한 불그림자들. 설레던 불안과 장정들의 힘에 넘친 웃음소리. 외양간 무쇠솥에선 쇠죽이 끓고 간간이 풍경소리 들렸어. 깨끗한 배석자리 위에 진설되던 죽상어며 숙주나물, 天·地·人 그 눈부신 삼색 햇과일 곁에서 늙은 지친들은 지방을 써내렸어. 아아, 먼 시간이여, 죽음으로도 지워지지 않던 먹빛 이름들, 누런 족보 속에서 눈빛 형형한 옛 사내들이 흰 옷자락을 펄럭이며 걸어나왔어. 우리는 다가올 자신들의 신위 앞에 무릎을 꿇고 깊숙이 머리를 숙였지. 술을 따라 올리고 재배가 끝난 뒤 문을 열어 그들을 배웅하면 뒤란 대숲 속으로 불어가는 바람소리가 들렸어. 한지에 붙은 불은 살아 춤추듯 허공으로 날아오르고 불이 사위어가는 동안 끝없이 이어져온 시간의 무게는 잠시 잊혀졌지. 소지가 끝난 뒤 우리는 보았어. 어둔 하늘 위로 불티처럼 솟아오르는 우리의 얼굴들을 누구도 끝내 떠날 수 없는 낮은 지붕 밑에서.

풀들은 늙지 않는다 4

豫 言

　집들은 스스로 허물어져 빈 자리를 만들었어. 무너지는 것들은 제 속을 비우고 대지를 향해 몸을 맡겼지. 기울어진 토방마루를 지나 뒷산 이름없는 묏등으로 가는 길. 구절초며 흰 찔레꽃, 꽃 피는 모든 것들의 의지가 눈부셨어. 그대가 길 떠나간 뒤, 사람의 온기가 바람에 닿아 식어가는 동안 등뒤에 남은 것들의 쓸쓸함은 깊어만 가고 무너진 빈 자리마다 풀이 자랐지. 바람이 불 때마다 들렸어. 지친 발걸음을 인도하던 그대 거역할 수 없는 목소리. 우리는 세계를 떠돌며 끝내 자라지 않는 뿌리의 통증을 견뎌야 했어. 땀과 눈물의 자리에 함께 서 빛나던 소금 같은 사내들, 더불어 공유되던 것은 무엇이었을까. 그대 떠도는 생애보다 짧은 저녁 노을이여. 노을은 떠 온 산이 붉어와도 아무도 서로의 얼굴을 기억하지 못해. 다가오는 어둠 앞에서도 끝내 늙지 않는 풀들만 푸르를 뿐 그대 썩지 않는 예언이여. 오늘 누군가는 또 집을 떠나야 하리라.

제 3 부

참 회 록

몇번이고
까무러치게 푸르다
이 자리는.

갈대꽃 회게 바람에 흩어지는 자리,
푸른 하늘이 흘러들어
물처럼 고인다.

아, 끝간 데 없이 두 눈을 찔러오는 햇살, 이 메마
른 통증이여.
여기는 절정의 자리 그 어디쯤인가
이곳에 서면 보인다.

평생, 낮술의 취기보다 독한 사랑에 젖어 비틀거리
는 너의 모습이,
비틀대면서 균형 잃은 대지의 피흘림에 제 걸음걸이
와 보폭을 맞추어

가는, 너의 행로가,

저 푸른 강철처럼 단단한 하늘을 향해 가는
너의 절룩이는 모습이.

피묻은 우주,
흰 싸락눈이 내릴까
눈발마저 아직 일러 하늘은 무한으로 넓고 무섭다.

고운 생명의 빛깔로 눈이 부신 이름들이여
이 겨울 너는 끝내 한장의
거대하고 예리한 칼날이다.

절정의 칼날 밑에 길게
목을 늘이고 서면
가슴 저 밑바닥을 울리고 가는 천둥소리가 뜨겁다.

슬   픔

지나갔다. 돌이킬 수 없이
창작과비평사 문을 나와
합정동 버스정류장 쪽을 향해
걷는 김남주의 뒷모습. 싸구려 파카와 어깨에 걸친
낡은 가방 하나를
나는 어제도 보았고
오늘도 본다.
"어이! 남주형 이따 점심시간에 만나."
"뭐, 그냥 내장탕이나 한그릇 하자구."

지나갔다. 소리쳐 울 틈도 없이
우중충한 풀빛출판사, 책 썩는 냄새 한구석에서
"씨팔! 거지 같은 자식들. 사기치지 말라고 해."
이빨을 가는 채광석, 담배를 씹어 문 그의
좁혀진 미간, 그의 붉은 눈빛을
나는 오늘도 보았고
어제도 보았다.

과연 세계는 나의 의지와 상관없이
지나가는 것인가,
한강 철교 위를 달리는 기관차처럼.

벽, 그리고 환멸을 위하여

1

호르는 강가에서
사랑이 분명할 때가 있었다.
산악처럼 거대하게 보이던 적이 있었다.
스스로에 대한 엄격한 분노와 그 쓰라림으로
살아가는 일에 생기가 있었다.
불어오던 눈물가스의 낭자함 앞에서
온몸이 저절로 떨어 울던 시절이
모든 것이 분명한 제 이름과 표정으로 울던
시절은 가고 겨우내 눈이 내리고
아무도 확실하게 절망하지 않는다.
여전히 강은 흐르고
변한 것은 없는데, 왠지
만나는 이마다 모두 주량이 줄었다고 한다.

2

거꾸로 읽고 뒤집어서 생각하는 것은
이제 오랜 습관이 되었다고 너는 중얼거리고
어느 것도 확실한 것은 없다고
너는 거듭 중얼거리고 확실하게
지면은 증면됐다.
행간과 행간 사이에 고여 있는 가득한 침묵,
수많은 사실은 언제나
또 하나의 벽이 되고 습관성 두통은 끝나지
않고, 지난 겨울 내내 눈이 내렸다.

3

불확실한 편안함이 늘어난 대신 모두들
말이 줄어들고 눈치가 빨해졌다.
실감나게 말하는 법을 잃어버리면서

모두들 어디론가 떠날 준비들을 한다.
사는 일의 세밀한 곳까지 이제
비밀이 될 수 없는 세상인데도
수많은 사실은 언제나 벽이 되고
눈앞을 가로막는 기둥이 되고
길은 보이지 않는데도 모두들 은밀하게 떠날
준비를 한다.
강은 흐르고 사랑은 결코 끝나지 않았는데도.

몸 밖으로 뜨는 달 1

독 감

피흘리지 않고도 아팠어. 사립 안 가득 햇살이 쏟아져 눈앞이 캄캄했지. 앵두나무 밑을 걸어봐도 두드러기는 가라앉지 않고 기침마저 멈추지 않았어. 짚 낟가리 뒤에 숨어 누이 대신 익모초를 마시던 날처럼 아, 입 안은 쓰고 감쪽같이 사라지던 식욕. 허기가 사라진 빈 몸 안 가득 신열이 뜨거워, 밤나무 사이로 달이 뜨면 온몸이 시려왔다. 평생토록 가시지 않는 한기가 찾아들었다.

몸 밖으로 뜨는 달 2

세입자

　몸 밖으로 꽃이 지듯 세상의 모든 난간 너머로 달이
뜬다. 천지 가득 서리 내리는 밤. 달 속으로 가는 새
들은 없고, 아 얼마나 깊이 가라앉아야 뿌리에 가 닿
을까. 벌초할 마른 풀조차 변변찮은 空墓에 청솔가지
를 꺾어 놓고 무릎을 꿇어봐도, 몸을 비우고 또 비워
도, 짐은 무겁고 한세상 짐 꾸리고 푸는 일 끝나지 않
아. 넘어야 할 산 앞뒤로 불어가는 바람소리 끊이지
않고 떠도는 것들은 예나 지금이나 말이 없다. 입 안
에 혓바늘이 돋도록 무서리를 헤치며 걸어가는 길 숨
죽여 흘리는 눈물마저 가당치 않아 만주벌 어느 황량
한 풀섶 깊이 흰 뼈를 묻은 내 할애비처럼 밤이 지나
면 나는 새로운 번지 위의 낯선 세입자.

몸 밖으로 뜨는 달 3

불면증

쫓기다 보면 쫓기는 일에 맛이 들어 가락이 생긴다지. 잠시 잠깐 몸 붙이는 땅바닥에 잔뿌리 몇줄 내린다고 눈뜨고 마주한 어둠이 가실까. 허공 위의 방 한 칸. 아파트 15층 베란다에 나와 담배를 빼어 물면 화분 속에 앉아 온몸에 바늘을 세우는 선인장이 문득 허공으로 둥둥 떠 흘러가고 아, 오랫동안 친숙했던 때묻은 살림살이, 모두 허공에 떠 있었어. 고속 엘리베이터로 깊숙이 하강해봐도 발 내어딛을 흙 한줌 보이지 않고, 뿌리 또한 멀기만 해. 사십년이 넘도록 달은 몸 밖으로만 뜨데.

안전한 출근길

1

아침 출근길 전철이 달린다.
달리는 것은 습관이다.
고속으로 달리는 전철 안, 속도는 의식하지
않아도 상관없다. 습관처럼 편안한
관성이 지속된다. 아무런 일도 없이
다만 시간이 지나갈 뿐이다.
너는 달리는 전철 안에서
익숙하게 선 채로 균형을 잡는다.
조간 신문을 펼쳐든 채.

2

너는 내일도 출근하고 모레도 출근한다.
너의 신성한 밥벌이와 노동을 위해
그러나 너는 한번도 너의 밥벌이를 의심하지

않는다. 그것이 안전하므로
밥벌이가 습관이 될 때까지 의심하지 말 것.

3

전철이 한강 철교 위를 달린다.
잠시 한강물을 내려다보는
그대 무덤덤한 눈빛
그것은 완벽하다. 의심이 거세된
"강기훈이가 유서를 대필했다. 그러므로 유죄다."
그 일과 나의 밥벌이가 무슨 상관이란 말인가.
의심은 짧고 습관은 완벽하다.
짧은 의심과 갈등 사이로 전철이 지나갔다.
습관보다 더 안전한 출근길
의심조차 할 수 없는 완벽한 위험.

마침내 빚쟁이가 나를

세월이 흘러갈수록
갚아야 할
내 빚은 늘어만 간다

빚을 떼먹고 도망칠 수 있을까

안개 짙은 산
이름없는 바람 속으로 들어가
숨어버릴 수는 없을까

익명의 빚쟁이들
건널목 앞에만 서면 보인다
건너편에서
나를 향해 다가오려고 서 있는

살아 있는 생물들은
모두 나의 빚인가

마주 오는 그들을 거슬러
집으로 돌아온다

문을 열어주는
빈손, 누구의 손보다
더 큰 손이여

전생의 내 빚까지
받으러 온 빚쟁이여

마침내 나를 차압하리라

여기에서 나는

여기에서 나는 아무런 대안도 아니다
와이셔츠 윗단추를 따고, 조여진
넥타이를 풀어놓을 뿐
여기에서
나는 동요하지 않는다
사건 혹은 사실들,
사실과 사실들의 우연 혹은 필연적인 관계,
사건 속으로 들어간다
전화벨 소리가 들리고, 컵이 깨진다
엎질러진 물처럼 쏟아지는
숨가쁜 하루,
여기에서
나는 아무 두려움도 없이
진술을 시작한다
외로움이 없이도 열정이
생겨난다 뜻모를 육신의 활력을
그냥 따라간다

눈을 뜨고 있으나 감으나
마찬가지다
아무도 건드리지 않는
그대의 다스림과 익숙한 웃음소리
아득한 세상의 구석에서
내가 전하는
소식은 없다
여기에서 활자는 습관일 뿐, 무심한 관성일 뿐
분명 꽃도 눈물도 아니다
해바라기 꽃잎이 시들어가는
창밖의 세상은
어제보다 훨씬 무서워졌다

단추를 달까

사소한 일이다. 설마 이 일에까지
의지가, 엄청난 무게의 신념이 필요친 않겠지
그냥 그런 시간도 있는 게지
단추 다는 일, 그러나 새벽 2시
남대문시장에 가보면 알지
남대문에서 힐튼호텔 쪽으로 조금만 올라가면
단추 백화점이 있어

우리와는 아무 상관도 없이
단추 백화점이 있어, 사소한지조차 상관없이
수십, 수백 대의 차량이 단추를 사기 위해
수천, 수만의 눈들이 단추를 고르기 위해
그 남산길을 가득 채우고 있어
밤 2시 깜깜한 밤에
단추를 사기 위해 사람들이 몰려들지
사소한 일을 위해 단추를 달고 싶은 사람들이 모여
들지

남대문, 고색창연한 유산, 문 아닌 문 곁에 단추 백
화점이 서 있어
　세상의 모든 단춧구멍을 메우는 일
　모두에게 사소하고 보편적인 일, 행위가 끝나면
　몽땅 잊어도 좋은 일을 위해
　의미 없는 한순간의 시간을 메우는 일을 위해
　끝없이 열려 있는 수억의 길
　네 생활 속의 한가지 관계를 위해, 그 엄청난 사소
함을 위해
　오늘밤도 단추 백화점 앞에 사람들이 전국 각지의
사람들이 몰려들지
　사소한 일을 업으로 삼은 장사꾼, 사소하지만 전체인
　자본의 손길이 몰려드는 거야
　모두가 잠든 밤 2시에.

밤 7시 20분 전·5월 16일·광화문

1

광화문, 문이 없는 사거리
속도가 맹렬하게 교직되는 지점
속도가 직조하는 것은 무엇인가,
흘러간 시간 위로 떠오르는
페르시아 융단, 어둠이 오는가, 모든 전구들이
일제히 불을 켠다.
그러나 보이는 것은 아무것도 없다.
동상이 희미한 어둠에 젖는다. 수직의 벽, 너를
코리아나호텔이라 부른다.
벽면 높이, 눈높이보다 조금 더 높은 곳
대형 사인보드에서 쏟아지는 뉴스와 광고들
눈이 빠르지 못한 놈. 뉴스의 내용을 곰삭여 생각해
보는 놈들을 위해 뉴스는 반복된다.
사인보드, 본질은 뉴스가 아니라 진실이 아니라
광고다. 코리아나호텔 옆구리 현란한 전광판은

광고이고 그 벽 속의 본질은 광고이고 또 광고이다.
자본의 탑, 어디서나 거침없이
불끈거리는 자본이다.
짧고 강렬하게 생각할 틈도 없는 속도로
점멸하는 불빛,
순식간에 모든 것을 규정하려 드는 불빛이여.
문이 없는 사거리에 어둠이 내린다.

2

희미한 어둠, 가볍게 기지개 켜는 전자 입간판
시작되는 러시아워, 그리고 수천, 수만 개의 검은
타이어들이 펼치는 도로에의 집중
이것은 활력인가, 정지인가.
빌딩과 빌딩들이 만들어논 깊은 골목에서
지하 호프집 시멘트 바닥에서, 썩은 맥주냄새가 흘
러나오기 시작한다.

습관적으로 오고 가는 밤.

제각기 얼굴을 바꾸는 거리, 변화라고 느껴지지도
않는 변화, 변화여.

너의 익숙한 눈길, 나는 어디에도 없다.

너는 어디에도 없어.

우리는 오늘도 알고 내일도 안다.

그러나 오늘도 내일도 결국 아무것도 아는 것이 없
다.

느린 속도, 그래도 길은 움직인다. 그래도

반복해서 짜증스럽게 페달을 밟는

신발 속의 발.

매일 밤 입 속으로 흘러드는 소주 혹은 썸씽 스페
셜.

생기있는 모든 것들의 동작이 의심스러운 시간

광화문에 열린 문은 없다.

64

3

얇지만 가볍기 한량없는 너의
부풀려진 블라우스, 레이온사에 감싸인 탄력이여
팽팽한 젖가슴, 안개꽃 속에서 유혹의 눈빛을
흘리는 장미 세 송이 아니 일곱 송이
혹은 수북이 털이 난 근육질의 가슴
가슴과 가슴의 끝없는 겹쳐짐 예비된 비상과 추락
오, 접촉의 무한대, 통쾌한 무질서
의지 없이도 생명은 태어나는가
꽃은 피었다 진다. 어느새 녹음은 짙다.
청와대를 둘러싼 인왕산, 효자동은 푸르다.
이유 없이도 녹음이 짙다.
부풀어오른다. 자본의 확산, 거리에 자동차는 늘어
난다.
호텔이 늘어나듯이 가난한 자들이 늘어나고
슬프게도 성기는 부풀어오른다.

4

아무런 이유가 없이도 세계는 존속하는가.
아파트 구멍 하나가 일억이 넘는 도시.
수억 개의 구멍과 구멍 그리고 밤이면 가득
불이 켜지는, 아니 차오르는 방
아이들이 자라고 베란다에는 난과 선인장이
자라고, 계집아이의 머리칼이 자라고, 또 자란다.
무서운 속도로 땅을 파헤치는
대형 포크레인, 네 무쇠 삽날이 닳고 또 닳는다.
흰 머리칼이 늘어나는 속도만큼.
네가 아니 내가, 저지르는 죄를 셀 수조차 없다.

5

난지도를 향해 달리는
대형 쓰레기차여, 지난 시간의 흔적을 가득 싣고

먼지를 내며 달리는 어린 풋내기 운전수여.

썩고 또 썩어 마침내 쓰레기의 산에 이르는 생산력
이여.

그러나 웬일일까. 이곳에서 생명은 꽃밭처럼 뜨겁
다.

물 속에 떨어진 잉크 한방울은
핵폭탄보다 무섭다

1

자동차들이 태평로 위를 질주한다
시간이 빠르게 스쳐 지나간다
침묵으로조차 기록되지 않는 시간들
흘러간 시간만큼 내 몸은 가벼워지고
내 몸 밖의 세상도
투명해졌다
자동차가 질주하는 사이, 사이
구 동아일보, 구 국회의사당 혹은 프레스센터가 흘
러간다
눈에 보이는 풍경들은 식은땀을 훔치며
쉬고 있는가
변한 것은 아무것도 없는데, 변하지
않은 것 또한 아무것도 없다
물 속처럼 고요해진 세상,
물 속을 들여다보면 아무 소리도 들리지 않고

침묵으로조차 기록되지 않는 시간들이
스쳐 지나간다.

2

밑바닥까지 훤히 들여다보이지만
전망은 보이지 않는다 투명한
물 속으로 자동차가 지나간다
하오 7시, 창밖으로 지나가는 빌딩들
긴 러시아워의 진흙처럼 엉겨붙은
행렬들
끈끈한 점액질의 시간들
응결된 속도 앞에 차례를 기다리는 지친
사내들, 키보드를 두드리는 야윈 손가락들
익숙하게 늙은 시간이 눈앞을 스쳐가는 것을 지켜보
는 동안
덕수궁 돌담길 옆 지하철 통풍구에도 가을은 왔다.

3

대형 전광판 속에서 실각되는 관료들과
수로 위에서 수장된 서해 페리호
가슴 깊은 곳까지 통곡소리는 젖어오지 않는다
현란한 수초처럼 일렁이는 태평로
호루라기를 불어대는 전경들
모든 것들이 다 들여다보이면서
아무것도 보이지 않는 물 속에서
투명함이여 너는 벽이다 어두운 곳에서
빛나던 너는 감옥에서 걸어나와
자유를 잃었다
언어를 잃고 분노와 증오를 잃고
그 빈 자리에 아무것도 담지 못했다.

4

물 속에는 세상을 온통 뒤덮던 황금빛 분노도
펄럭이던 깃발도
머리에 둘러맨 붉은 띠도
타오르는 사내들도
보이지 않는다
아무것도 변한 것이 없는데
시간은 덧없이 흘러가고
서울은 그냥 교통지옥이다.

5

이곳에선 창날 같은 가을 햇살조차
식은 채로 온다
아메리카의 식탁에는 언제나 전쟁이
필요하다 그들의 밥그릇, 세련된 스테인리스

포크 앞에는

스테이크 대신 새까맣게 타버린 검은 살덩이들이 가
득하다

아메리카는 밀림의 다른 말이다

먹이를 향해 무섭게 질주하는 야수들의

눈빛과 화려한 진군,

물 속에 미제 파카 잉크 한방울이 떨어졌다

잉크가 물 속으로, 밑바닥까지

풀어헤쳐지는 동안, 자동차들이 질주하는

지치고 늙은 세기의 언덕 너머

푸른 하늘 위로

가을이 오는 그 향기로운 길목 위로

버섯구름이 솟구쳐올랐다

어찌 해볼 틈도 없이

세상의 모든 문들이 무너져내렸다

시간이 마구 질주해가는 동안

나는 증오보다 단단한 참나무 장작을 쌓기 시작

했다.

6

물 속으로 잉크가 번져간다
여자아이들은 자라 긴 머리칼을
나풀대고, 이제 입맞춤은 누구에게도
어려운 일이 아니다
내 몸 밖에서
음악소리가 들려왔다
팝송은 밀림처럼 우거졌다
무성한 잡초처럼 자라나 온통 거리를
가득 채웠다
밤과 낮을 가득 채운 팝송 속에서
우리는 은밀하게
서로가 서로를 놓아버리기 시작했다
고통의 무게를 줄이기 위해 물 속에서

잉크가 풀어헤쳐지는 동안.

7

해체되는 것은 자유로운 것인가
무제한의 화학작용이 계속되고, 물 속에서
잉크는 풀어헤쳐지고
모든 것들이 제 무게보다
가벼워졌다
무제한의 낙하가 시작되는
이 가을
나는 어느 곳에 서 있어도
풍선보다 가볍고 위태롭다.

고가도로 밑의 비둘기에 대한
몇개의 단상

1

날개 속이 돌멩이처럼 꽉 막혀 있다. 깃털 속을 흐르는 피까지 '살아 있는 화석'보다 무겁다. 사람들이 지상 10m쯤의 허공에 그어놓은 밑줄——고가도로 —— 새들은 허공에 매달린 사람들의 길 위로 날아오르지 않는다. 허공에 던져진 돌멩이처럼 다시 지상으로 낙하하는 날개들이여. 아 지상 위의 식량. 찌꺼기들이여. 날개를 기르는 것들은 무엇인가.

2

날개 위에 햇살을 가득 싣고 허공에 빛나는 자취를 남기던 너의 비행은 이제 평화가 아니다. 낮 12시 어김없는 점심시간 흰 와이셔츠에 넥타이를 맨 수많은 사내들이 마주한 비좁은 식당. 팔리는 음식과 음식을 사먹는 사내들의 가죽지갑 —— 비좁고 살이 쪄서 외로

울 시간이 없어요 —— 서대문 고가도로 밑. 화양극장
앞 보도블록 위에 서면 언제라도 볼 수 있다. 검게 그
을린 시멘트 기둥 사이로 날아오르는 비둘기들의 비만
한 날갯짓과 새들의 날개 위를 달리는 non stop의 자
동차 바퀴들을.

3

정동교회의 첨탑 너머로 까마득히 비상하던 날의 고
요한 외로움이여. 치안본부의 무선 송신탑 그 형태조
차 없던 고압의 전파막도 두렵지 않았지. '진정한 싸
움 없이 화해'하고 말았어. 날이 갈수록 깃털 사이에
기름기가 차오르고 이제 날개 달린 것들의 굴욕은 습
성이 되려는 것일까. 아득하게 다가오는 사무실 밖의
풍경은 무섭기만 해. 넥타이끈을 조이며 매일매일 스
스로의 멱살을 낚아채는 손들이여. 피할 수 없어. 한
올의 은빛 깃털조차 지상을 향해 떨어뜨리지 않는 그

대 말쑥한 출근길 새들의 발자국은 어디에도 남지 않는다.

4

고가도로 밑 어둡고도 안전한 새들의 거처. 그 낮은 허공에 매어달린 혼미한 세기의 신호등이여. 무서운 속도로 각기 다른 방향을 달려와 서대문 로터리에 다다른 의지들이여. 아직도 좌회전 혹은 우회전의 깜박이를 켠 채 끝없는 정체 속에 머물러 있을 뿐 그대들의 발 밑으로 지하철 공사는 계속되고 —— 설마 바벨탑은 아닐 거야, 지옥까지는 아직도 멀어 —— 외장이 안 된 철구조물들이 가파르게 치솟고 있다. 새들의 날개보다 더 높은 곳에서 타워 크레인들이 기획하는 것은 무엇인가. 지상 수십 미터의 높이에서 내려다보는 로터리의 중심은 은전처럼 하얗게 비어 있다.

5

모든 것이 정지된 로터리의 중심, 어깨가 여윈 사내 하나 포장마차를 끌고 태연하게 신호등 밑을 가로지른 다. 미친 듯 달려올 속도쯤은 아랑곳하지 않아. 전경들의 호루라기 소리도 상관없지. 모두에게 길들여진 질서를 거스르는 사내의 보행이여, 네가 전시하는 빈천의 뻔뻔스러움과 무산계급적 협박, 그대의 생계는 새들의 날개보다도 더 자유로운 것인가, 어디선가 트럼펫 소리 요란한 팝송이 울려퍼지고 소란스럽게 날개를 퍼득이는 것들은 먹이를 든 사람들의 손바닥 중심으로 더욱 가까이 다가들 뿐 성대가 퇴화된 새들은 더 이상 울지 않는다.

6

　누구도 둥지 속의 따뜻한 알을 보지 못했다. 껍질
속에 가득한 신생의 핏물이여. 아무도 태어나 스스로
지옥이 되는 일을 원치 않아. 푸른 산맥을 넘어 바람
속으로 날아오르던 야성의 기억. 마침내 끝나는 것은
없어. 시간이 끝나지 않는 한 불꽃 또한 꺼지지 않아.
온 깃털을 태울 불은.

제 4 부

국회 출입 기자 H씨 1

잔디가 정숙하다. 그리고 솟구치는 돌기둥이 떠받치는

지붕, 날마다 마주치는

국회도서관과 의원회관, 비좁은 주차장, 수백 개의

의자로 둘러싸인 본회의장.

그렇다, 이것은 풍경은 아니다.

세상의 시작도 아니고 땀이 밴 생산의 시작은 더더

욱 아닌 이곳에서

나의 프레스카드는 언제나 합법적인가.

닫힌 문,

문에 관한 한 나는 언제나 자유인가.

나는 수만 개의 눈과 입을 가졌지만

전투의지까지, 아니 또 다른 권력의지까지.

나는 이곳에서 힘이 있는가.

—— 원칙적으로는

보이지 않게 금제된, 스스로도 알 수 없는

뇌세포의 익숙한 움직임, 그래도 모든 눈과 입은

숨이 가쁘다. 입법가여,

너는 거대하다.

너는 민첩하고 조용하게 그러나 합법적으로 파괴

할 뿐.

법은 생명이 아니다.

여유롭게 지상 위를 날아오르는 비둘기들

輪中堤 곳곳에서 새순을 틔우는 봄바람이여, 유람선

이여,

그들과 나를 동시에 이곳에 보낸 힘은 무엇인가.

이제 최소한의 균형도 정의일 수도 그 누구의 책임

일 수도,

없는 이곳에서 그들은 무엇인가,

신도 혁명도 아닌 더더욱 자연도 아닌

그들은.

국회 출입 기자 H씨 2

통속극의 비극은 비극의 끝에 문이 없다는 것이다.
더이상 올라갈 길이 없는 사다리.
그 마지막 칸에 올라선 입법가들에게
그 한계의 겨드랑이에 날개를 달아주자고?
효용가치의 상실일 뿐.
너는 예언자도 현실주의자도 아니다.
잔디는 여전히 정숙하고,
주인 바뀐 자리는 언제나 분주하지만,
배우인가, 세월이 가고,
너의 세월은 희극인가.
희망도 절망도 아닌 너는 무엇인가, 스스로의
한계까지 명확히 헤아리는 너의 또 다른 한계여.
여의도는 강 속의 섬인가, 섬이면서 섬이 아닌
대안도 아니면서 그저 대안인 입법가들과 함께
적당하게 흐르는 강은 어떤 질서인가.
SBS 공중파가 나르는 보이지 않는 그대 음성이여
너는 무엇인가,

끝없이 서로를 튕겨내는 힘과 힘의 충돌 그러나
지구는 깨어지지 않는다.
철도파업도 지나가겠지, 몸에 휘발유를 끼얹고
사라졌던 분신의 사내들처럼
아아 불덩이처럼 이내 빛은 사라지고
명확한 것은 없어.
불투명하게, 두리뭉실하게, 결론이 나지 않게.
식도를 꽉 메운 채 내려가지 않는 주먹밥.
그 질감만큼
너는 거기 서 있다 —— 국회의사당.

국회 출입 기자 H씨 3

죽지 않을 만큼만 숨쉴 수 있도록 인내를 배우거나
테러리스트가 되는 길,
모두에게 열려 있는 일반적인 길인가,
습성을 길러라! 관행을 존중해!
나는 가슴을 두드리며 문을 나서고
사방에서 냉소적인 웃음소리 들린다.
국방위원회, 농수산위원회, 상임위가 끝나는 날마다
국정조사, 특위가 결론 없이 자취를 감출 때마다
명치 끝을 바늘로 쑤셔대고 싶은 충동,
진실은 언제나 특위 밖에
위원회의 회의장 밖에만 있는 것일까.
너는 희망도 효용가치도 더더욱 진실도 아니고
나 또한 희망도 효용가치도 더더욱 진실도 아니고
아아 명료하지 않다.
무한대한 불명료성의 무게여
너는 도덕인가, 선인가 혹은 당위인가, 구조인가.
먼지가 되어가는 유물, 부서진 파르테논의 옛 신전

처럼
  이미 용도가 폐기되어 추억이 되어가는 이곳에서
  여전히 마지막 질서인 듯 늘어선 돌기둥들이여.
  누구의 이익을 따져야 하는가
  다수인가 당신은, 나를 파괴시켜가는
  나의 무릎인대를 끊어내는
  이 무한대한 확산을 향해
  무모하게 돌진한다.
  맹목적으로,
  블랙홀, 한계 밖의 또 다른 한계, 그 끝간데
  없는 확산, 자본주의여 너의
  문을 향해 프레스카드를 내민다.

꽃을 꽃이라 부르고 싶다

이제 잊고 싶다. 참으로 푸른 저 하늘 깊은 곳에 묻어두고 싶다. 비 내리는 담벼락 밑 소리 없이 피어오르는 남빛 자주달개비, 너를 그냥 자주달개비꽃이라 부르고 싶다. 닫힌 철문, 부서진 시간 속에서, 화려한 찻잔과 연금의 나른한 여백을 즐기는 전직 대통령들이여. 어린 소년이 자라 다시 손에 불타는 꽃병을 들 때까지 그 오랜 시간 동안 여전히 국회의원인 전직 장군들이여. 참으로 잊고 싶으므로, 참으로 온전한 세상을 살고프므로, 대답하라.

허공 가득 연꽃 피어 바람까지 향기롭던 날, 그날의 저주를

스스로 이야기하라. 그날 이후 우리가 우회해갈 수 있는 길은

지상 어디에도 보이지 않았다. 우리는 아직 젊고, 우리는 아직

존재하므로 한치도 어김없이 다가오는 신생의 시간을 향해 걸어

가야 하므로 그날 검은 총구를 열어 사람의 가슴에
답한 자들이여,

이제 대답하라.

그대들의 늙은 노모와 한치도 틀림이 없는,

그대들의 형제 혹은 아들, 딸과 한치도 틀림이 없
는,

그대들의 사랑스런 아내와 한치도 틀림이 없는,

그들은 어디로 사라졌는가,

그들은 대지의 어디쯤에, 지난 시간의 어디쯤에 묻
혀 있는가,

분노가 끝나지 않은 땅에 저주 또한 끝나지 않아,

이곳에선 해와 달과 별들의 자전마저 그림자일 뿐,
내 온 생을

다하여도 죄로서 죄를 사할 길 없어, 끝끝내 돌아서
갈 수 있는

길은 보이지 않아, 어정쩡한 현대사의 흐린 능선이
여 묵시적으로

서로의 눈빛을 허용하는 체증 걸린 가슴들이여.

  그들은 어디에 서 있는가, 이제 모두가 다 알고 있
는,

  온 세상이 다 알고 있는 그러나 호명하기를 거부하
는 이름,

  그리하여 마침내 모두의 가슴에 죄로 자라나는 그
비밀 아닌

  비밀을 이제 말하여다오.

  저 밝은 햇살 속에 피어오르는 꽃을 꽃이라 부르게,

  사랑을 사랑이라 부르게.

코미디를 생각하며

국회의원이 된 선배여, 당신은 엄연히
이 나라 헌정사를 이끄는 당당한 의원님이고
그것은 어김없는 현실이다.
추호도 잘못되지 않았다. 그러나 선배여
그날 당신은 밀려드는 전차와
M16에 착검한 군대 앞에서
총을 든 채 어둠속에서 영원을 살리라 했다.
그날 당신은 위대했고 광휘로웠다.
당신으로 하여 역사는 다시 한번
빛나는 날개를 폈다.
선배여, 빛나는 역사의 날개를 펼쳐들었던
당신을 죽음으로 몰아넣던 학살자들과 함께
한단상에서
의정을 이끌어가는 동료 의원이다.
TV에 당신과 학살자들이 나란히
얼굴을 비치던 날, 바로 그날 이후의 역사를
나는 무엇이라 이름해야 할지 아직 떠오르지 않는다.

북한에 가고 싶지 않다

국무총리실 출입 기자인 나는 북한에 가고 싶지 않
다.

제8차 남북고위급회담이 열리는 평양에 가고 싶지
않다.

큰아버지, 작은아버지, 고모 넷이 시퍼렇게 살아 있
다는 그 혈육의 땅에

발을 들여놓고 싶지 않다.

평양 근처 회천이라고 했던가 그곳은

전라도 광산군 운평리가 고향인 나의 할머니 운평댁
이 숨져간 곳은.

불과 일년 전에 돌아가셨다는 할머니의 부음을 듣고
난 뒤론 정말

북한에 가고 싶지 않다.

제삿상에 향불 올리며 말이 없던 아버지의 기도.

무너져내린 아버지의 가슴이 보이기 시작하던 그날
이후 나는

나의 뿌리가 허공에 떠 있음을 알았다.

남도 북도 아닌, 대지도 허공도 아닌 곳

　뿌리 뽑힌 부친의 가슴속에 핏줄이 닿아 있는 나의
뿌리를 보았다.

　내 오랜 역마살의 뿌리를.

　이미 지리적인 개념이 아닌, 이미 정치적인 개념이
아닌 땅에

　나는 왜 가야 하는 것일까.

　말없이 기도로 일관하는 부친의 환갑이 넘은 얼굴을
보면서 나는 다시 한번

　북한에 갈 수 없음을 깨닫고 있다.

비상사태

끝내 기다리던 너는 오지 않았다.
최루탄 그 쓰린 눈물 속에서
헬멧과 방독면의 무자비한 구타와 사지를 옭죄어오
는 체포조들 속에서
타오르는 장갑차의 불꽃 속에서
우리는 너를 기다렸다.
알몸과 깨어진 돌조각 그리고
빈 소줏병에 휘발유를 담으며
너를, 철모와 M16으로 중무장한
너를 기다렸다.

너는 우리에게, 우리의 더운 육신 위에
엄습하는 죽음, 아니 죽음을 넘어서는 해방
뜨거운 해방의 통로여야 옳았다.
그러나 끝내 너는 오지 않고
가장 확실한 적의 모습으로 나타났어야 할 너는 오
지 않고

우리는 해방이 보장되기 어려운
병든 자유를 얻었다.
등뒤에 열린 총구를 둔 채
우리는 어이없는 자유가 되었다.

흰 분말로 눈 따가운 거리를
물로 씻어내는 푸른 군복들에게 날아가던
사랑이여, 화염병이여
목메어 울 수조차 없던 명동이며 금남로 서면 거리
의 아우성이여
이제 눈속임의 손, 그 어처구니없는
화해의 손을 내밀어야 하는가

와야 할 적은 오지 않고
죽음을 거쳐 얻어야 할 빛나는 해방의 날은 오지
않고
이제 우리는 스스로의 목덜미를 향하여

비상사태를 선포할 수밖에 없다.

증오는 추억이 아니다

이 땅의 모든 길들이 증오를 향해
열려 있었다.
오직 이를 통하지 않고서는
사랑에 이를 수 없었던 수많은 날들.
증오로 단련된 가슴에 차가운 목련이라도
피어나면 어쩌나, 뜨건 피라도 흘러내리면,
나는 수천 번도 넘게 나의 증오를 확인했다.
그리고 수천 번도 넘게 나는 증오에 걸려 넘어지
면서
그것을 우주의 유일한 중심이라 했다.
별과 별 사이의 거리를 눈으로 걷는 동안,
오랜 증오의 계절 동안
남 몰래, 아니 우리 몰래
봄 개나리가 피었다 지고 눈물가스로 찬연한 봄날이
가고
어느덧 친구들의 머리에 흰 머리칼이
돋기 시작했다. 증오로 단련된 그대의 가슴속에

새벽별 돋는 것이 보이기 시작했다.
어느덧 허락도 없이 목련이 피고 너는 애잔한
유행가 한소절 자연스레 부르고 있었다.
온몸을 신열에 들뜨게 하던 증오의 세월
삶과 죽음이 너무도 명쾌하던 을지로며 명동의 시
간,
포기하는 것과 사랑하는 것의 구분이
못내 힘들어 가슴을 닫아걸었던 수많은 날들
그러나 꽃은 피었다 지고 한강은
저만큼 철교 밑을 저 혼자 흘러갔다.
무심한 세월은 여기에 와
우리의 발끝을 적시며 찰랑거린다.
학살과 사랑으로 뒤범벅되었던 지난 연대의 군복들
너머에서 선연히 웃고 있는 그대여
나는 자꾸 증오에 걸려 넘어지면서
긴장성 두통과 협심증의 심장을 추스르면서
나를 쉽게 용서할까봐 겁이 났다.

꽃이 피어날까봐
사랑, 그 몸서리나게 은밀한 유혹이
내 증오의 무게를 덜어낼까봐
겁이 났었다.
어법을 바꾸어 사랑을 노래하게 될까봐.

한강은 남북 어느쪽으로도
흐르지 않는다

무엇이 완성되었는가

1

반도의 모든 것들은
남과 북을 향해 달린다.
수백 수천의 차량이
한강 다리 위를 건넌다.
어디로
푸른빛도 아니다, 검은빛도
한강의 물빛은
강물들은 흘러간다. 서울 밖으로
지구 밖으로
불빛이 구멍마다 새어나온다.
거대한 성벽처럼 강을 따라 아파트가 흐른다.
도열해 선 총구멍 속에서 불빛이 빛난다.

수천 수만의 총구멍 하나하나에서 그대들의 삶은 풍
요로운가

압구정동, 대치동은 영원한 이름인가.
불빛은 완성된 것인가
차는 어디로 달리는가
다리를 건너가고 다리를 건너온다.
통합된 서울의 삶은
이렇게 다리 사이를 왕복하는 것인가.
무엇이 오늘 하루 동안 완성되었는가
완성되지 않아도 그냥 불이 켜지고 또한 꺼지고
강물은 흐르고 건너가고 건너오고
아무도 의심하지 않는다. 오늘을.

2

요요마라고 했는가
첼로의 느린 음성을 연주하는 그대는
서울은 물안개에 싸여 있다.
강 건너 이쪽과

강 건너 저쪽이
저쪽과 이쪽이 서로 마주 보이는 서울
서울은 대칭인가.
뿌연 물안개, 명쾌하지 않다.
모든 풍경이
너의 인사가
눈빛과 건너오는 말투가
산성비가 내린다.
여자의 검은 머리칼 위로
버버리코트의 그린색이 탈색된다.
다시 멋지게
'버버리코트'라 발음해볼까
여자들은 대머리가 되지 않기 위해
머리를 책으로 가리고 뛴다.
비를 맞으면 대머리가 되는가.
언어 이전 ? 감동은 어디에서 오는가
아니 어디가 끝인가

강물이 흐른다. 한강 철교 밑을

3

무엇이 흐르다 중단되었는가
무엇이 폭발하다 멈추었는가
허공에
남산 송신탑 위에
그 구릉 옆구리 대공분실의 담장 안에
그 담벼락 위 푸른 덤불 사이에 고여 있는 것은 무
엇인가
어디 있는가
화염병은 소줏병으로 만들었다.
때로는 맥줏병으로
휘발유에 심지를 만들어 넣고
성냥불을 그어대면 불이 붙는다.
그리고 언제고 깨어질 준비와 충분한 긴장감으로

탄탄한 몸매를 즐긴다. 소줏병은
화염병은 꽃병이다.
꽃병은 고로 화염병이었다.
소줏병은 휘발유와 만나 꽃이 되었다.
화염병은 무엇을 향해 날아갔는가
깨어져 불이 되는 그것은 무엇인가
무엇이 완성되었는가
화염병은 왜 날아가는 것이 중단되었는가
무엇이 흐르다 멈추었는가

                    4

거리의 사람들은 어디로 갔는가
그 수십만 수만의 사람들은 모두 어디에 있는가
다리를 건너가고 있는가
다리를 건너오고 있는가

서울은 물안개에 젖어 있다.

명동성당도

성당 앞의 로얄호텔도

노점상도 가는비에 젖어 있다.

을지로의 지하도 입구에도 비는 내리고

1992년 5월 12일.

최루탄은 왜 터지지 않는가

최루탄은 무엇을 완성했는가

비는 그냥 내리는가

속절없는 것은 시간인가

온통 의문형의 삶.

얼마간 물안개가 낀 나의 가슴과 분노 증오의 심지
에 당겨지던 숨막히던 불꽃

타올랐다 분신이었다. 몸을 태우는 것. 뜨겁다.

아니 누군가 죽었다.

무엇이 완성되었는가

그럼 중단되었는가

왜, 너에게 묻는가.

왜, 아무렇지도 않은가.

김빠진 맥주를 마시는 김빠진 거리

지금이 정말 5월인가

식어버린 한귀퉁이에서의 행사, 시를 낭독하자고

성명서를 쓰는 너의 머리칼이 지난해보다 더 많이
빠졌다.

나는 좀더 덜 긴장한 채 술을 마신다.

좀 편안해졌다.

광석이의 무덤에 푸른 싹이 돋았을까

죽음이 완성되었을까 그의 죽음이

왜 김이 빠졌는가

너는 좀더 편안히 술을 마시는데

왜 생활에 빛이 나지 않는가

너는 정말 매력이 없어졌다.

106

아무도 정확한 얼굴이 아니다.
누구도 실감나는 눈빛을 갖지 못하고 있다.
아무것도 명백하지 않다
아무도 아무것을 모른다.
정확한 것은 무엇인가

5

지구는 자전과 공전을 계속하는가
녹색 우주. 아황산가스
차는 달린다. 어디로
지금은 오늘인가 내일인가
지구는 자전하는가
무엇이 붕괴되었는가. 영혼이라고 말할까
중심축이 등뼈가 부러졌을까
나의 디스크
뻐꺽거리는 등뼈 조각들.

아이들은 최루탄 속에서 잘 자랐다.
풀밭에는 어느새 풀들이 무성하게 자랐다.
너는 벌써 마흔살이라고 부르짖는다.
눈치를 보면서
명백한 것이 명백하지 않다.
다리를 건너왔는데
너는 다리를 건너갔다고 말하고
그것이 그것이라고 주장한다.
강물은 무의지다.
강기훈 너는 무엇인가
신부들에게 물어볼까 그러면 정답이 나올까.
하나님에게 물어보면, 그들은 어디에 있을까
성당 밖에서도 잘 보이던 잘 들리던 목소리.
그 목소리들은 무엇을 완성했는가
왜 들리지 않는가
진리는 완성되었을까

명백한 것이 명백하지 않다.
그러나 강물은 흐른다.
차량은 달리고 지구는 자전한다.
어둠도 오고 태양도 떠오른다.
죽음,
익명의 하루와 일상 속에서
성욕은 잘 서고 있다.
성욕은 붉은 빛인가
명쾌하지 않다.

5월은 내게

5월은 내게 유행가를 부르게 한다.
부끄러움만 남긴 그 계절은,
아카시아 향기보다 더 진하게 나를 엄습한다.
잠들 때나 노래할 때나 월급봉투를 받을 때나
다리를 건널 때나, 아이들 햄버거를 사줄 때, 남 몰
래 양담배를
피울 때, 핵사찰 그 오묘한 방정식에 관한
신문기사를 읽을 때
의식과 무의식, 의지와 무의지, 그 어느 쪽이든
그것은 언제나 기습이거나, 테러다.
성욕까지 가시게 하는,
봉급 받는 손끝까지 절망스럽게 하는
아, 사라지지 않는 환영.
피나 시간으로도 지워지지 않는
가지 끝에서 가지 끝으로 따뜻하게 불어가는 바람으
로도
아, 사라지지 않는다.

아무런 각성도 없는, 사실 부끄러움조차
잊고 사는 내게 5월은 사라지지 않는다.
사라지지 않아.
하늘을 폭음으로 가르는 폭격기.
한순간 사라지는 물체에서조차
생일날 사드는 반돈짜리 금가락지의 무게에서
조차, 5월 그 아카시아 향내는
사라지지 않는다.
유행가조차 어색하게 만드는 5월
너 끝나지 않는 시간이여
시간 밖의 시간이여.
내 이 끝간데 없는 매춘을 큰 눈으로
큰 눈으로 응시하는 눈빛이여.

무덤 곁에는 훈장만 빛나고

그들은 죽음마저 그 절대의 정적마저
빼앗겨버렸다.
해마다 그들의 무덤 가엔 붉은 꽃들이 쌓였고
참배객들의 뜨건 눈물이 쌓였고
목메이게 그리운 혈육들의 슬픔이 쌓였다.
흉터처럼, 거대한 흉터처럼 솟아오른 그대들의
머리맡에 수천 수만의 발걸음과
고개 숙인 묵념이 쌓였다.
이미 죽어서 시간을 완성한 자들이여, 절대의 시간
속에
솟아오른 풀빛 언어들이여
그러나, 그대들의 머리맡엔
어느날부터인가 대형 플래카드가 세워지고 수백 장
의 현수막이
내걸렸다.
이름도 선명하게 정치인들의 이름이
전시되기 시작했다.

정갈해야 될 그대들의 영지에
푸른 바람 대신, 맑은 눈물과 울먹이는 뜨건
가슴 대신 훈장이 내걸리기 시작했다.

시간은 진실을 말하는가

그래 부서진 것은 부서진 것이야
사라지지 않지, 상처도 상처 위를 스쳐간
칼날 그 섬뜩한 흔적도
잊혀지지 않아. 산수유 그늘이나 황홀한 유채꽃밭
아아, 정액냄새보다 진한
밤꽃밭 앞에서도 불타는 침대의 눈먼 어둠속에서도
흉터는 누구에게나 완강한 추억이야.
마침표를 찍을 수 없는 너의 긴 문장처럼
끝내 멈춰버린 시간들이여
세월은 모든 것을 변화시켰어.
첫사랑의 그 뜨겁던 화염도 사라지고
꽃같이 붉던 너의 뺨도 탄력이 사라졌다.
그렇다. 세월은 더러 약이었고
모든 것의 무게를 가볍게 했다.
그렇게 감동적인 너의 언어도
세월이 지나면서 감동이 사라졌다.
네 빛나던 감수성도 무디어졌고

그 상처 위에 다시 생살이 돋아나기도 했다.
그러나 세월이 흐를수록
흐르고 또 흘러갈수록 명백해지는 이름들이여.
그날 임산부의 부푼 뱃속에, 시퍼렇게 날선
대검을 찔러넣던 자들의 결코 잊을 수 없는 눈빛이
여.
과연 시간은 진실을 말할 수 있는가.

나는 아무것도 모른다

깃발이 펄럭이는가. 바람이 부는가 아내여!
전화를 건다. 내가 부재하는
너의 시간 속으로 내 性이 부재하는
너의 메마른 침실 속으로
화급하게 혹은 지친 음성으로 서로의 부재를
전한다. 늙지도 않은 채 흰머리 돋는 아내여
너와 나는 없다.

부재 속에서도 꽃은 핀다고
아이들은 웃고 싸우고 가스레인지 위에서
생선찌게는 끓고 있다고
너는 없지만 나는 살아간다고

나는 아무것도 알 수가 없다.
나의 시간을 알 수 없어도 내 근육의 세포가
늙어간다는 사실을 또한 새로이 안다.
아내여, 그러나 내가 지금까지 확인한 것은

내가 아무것도 모른다는 것, 아니
무엇을 알 자격조차 없다는 것, 감히
무엇을 발언할 자격조차 없다는 것

미래에 대해 역사에 대해 묻지 말라고?
허공을 나는 비둘기 혹은 까치의 날개빛에 대해
붉은 흙의 신선한 향기에 대해
아, 나는 무엇인가.

  지극히 작고 직접적인 일, 구체적이고 실천 가능한
일
  도덕적이고 아름다운 일, 흐뭇하게 가슴이 더워져
오는 그런 일
  나를 버리는 일, 신념을 철교를 떠받치는 교각처럼
튼튼하게 하는 일
  결코 어느 시대나 틀릴 수 없는 모순과의 힘찬 포
옹

그리고 그에 대한 해결의지를 끝까지 버리지 말 것
포기하지 말 것, 흔들리지 말 것
이불 쓰고 만세 부르지 말 것, 더더욱 속이지 말 것
아내여, 텅 빈 너의 눈빛과 아직도 붉은 입술
숨가쁘게 꽉꽉 들어찬 생활, 윤기 없는 머리칼이여

나는 여전히 아무것도 알 수가 없다.
파도가 밀려오는 고요한 해변가 해송의 그늘 속에
서도
솔 향기가 가득한 계곡이나 산맥 위에서도
달리는 자동차의 속도가 무슨 진실인지
핵사찰이 무엇인지, 아이가 자라 죄를 짓는 것이
무엇인지
너의 깊은 애무, 그 빈손이
무엇인지,
너의 간절한 기도가 무엇인지,
나는 알지 못한다.

옛날의 불꽃

얼굴마다
불꽃이 피어오르고 있었지
황금빛 투구를 쓰지 않고서도
빛나던 머릿결이

참숯처럼
달아오르던 옛 사랑
그대 증오로 뜨겁던 눈빛이여

스스로 자신의 몸 안을
향하여 쏘아대던 화살,
내 몸 안
깊은 아궁이 속에서
침묵으로 타오르는
나의 오랜 양식이여

증오 또한 확실한
힘일 때가 있었지.

몸이 무거운 새의 나는 법 혹은
중력에 대한 탐구

김   진   경

　광주매일 서울지사에서 넥타이를 매고 점잖게 앉아 있
는 그를 볼 때마다 나는 괜히 실실 웃음이 나온다. 인간
사 새옹지마라더니 원. 10여년 전만 해도 선생 노릇으로
피곤해 있는 교무실로 불쑥불쑥 찾아와 헤실헤실 웃으며
방랑벽 있는 건달생활을 자랑삼아 늘어놓더니만 이젠 거
꾸로 해직 이후 이미 10년 넘게 건달생활을 하는 내가 꼼
짝없이 매여 있는 그 앞에서 헤실헤실거리며 한가한 이야
기를 늘어놓게 되었으니！

　그런데, 이러한 이야기는 실없이 하고 있는 것이 아니
다. 그의 젊은 시절을 지배했던 무조건적인 방랑벽과 점
잖게 넥타이를 매고 은밀한 내면적 비상을 꿈꾸는 현재와
의 낙차에 10년 만에 나온 그의 시집을 이해하는 비밀이
숨어 있기 때문이다.

　　평양 근처 회천이라고 했던가 그곳은
　　전라도 광산군 운평리가 고향인 나의 할머니 운평댁
　이 숨겨간 곳은.

불과 일년 전에 돌아가셨다는 할머니의 부음을 듣고
난 뒤론 정말
　북한에 가고 싶지 않다.
　제사상에 향불 올리며 말이 없던 아버지의 기도.
　무너져내린 아버지의 가슴이 보이기 시작하던 그날
이후 나는
　나의 뿌리가 허공에 떠 있음을 알았다.
　남도 북도 아닌, 대지도 허공도 아닌 곳
　뿌리 뽑힌 부친의 가슴속에 핏줄이 닿아 있는 나의
뿌리를 보았다.
　내 오랜 역마살의 뿌리를.
　　　　　　　──「북한에 가고 싶지 않다」부분

　그의 아버님은 실향민 아닌 실향민이다. 만주로 이민했
던 대가족이 해방과 함께 귀향하는 과정에서 일부는 만주
에 일부는 북한에, 그리고 38선이 막힌다는 다급한 소식
에 고향에 씨는 뿌려야 한다는 염원으로 친지에게 딸려
보낸 그의 아버님만 남쪽에 달랑 떨어지게 되었으니 고향
에 돌아왔지만 가족으로부터 뿌리가 끊긴 실향민이다. 아
버님은 뿌리가 끊긴 채 기다리는 삶으로 일관한다. 그리
고 아버님의 기다리는 삶은 남편이 이곳에서의 삶을 진정
한 것으로 여기지 않는다고 느끼는 어머님의 가슴에 큰
공허를 남겼고 어머님의 공허는 자식에 대한, 특히 장남
인 그에 대한 무거운 기대로 쏟아졌다. 철부지였던 그는
이 무거운 기대로부터 탈출하고자 하는 방랑벽에 사로잡
힌다. 내가 그를 처음 만난 것은 이 철부지 방랑벽의 끝
무렵이었던 듯싶다. 그 아픔이 어디에서 오는지 근원도

모르는 채, 그 떠돎이 결코 자유로움이 아니라 한 인간에게 가해진 역사적 상처의 유전이며 역사의 중력이라는 것도 모르는 채 드글드글 끓는 뜨거움 하나로 제주도로 지리산으로 떠도는 그의 방랑에 가끔은 동참했었으니 말이다. 그가 무작정의 방랑길에서 벗어나 자신을 무겁게 끌어당기는, 그럼으로써 자신을 떠나도록 충동질하는 역사적·사회적 중력에 대해 진지하게 대면하게 된 계기는 광주 5월항쟁이었다.

그것은 언제나 기습이거나, 테러다.
성욕까지 가시게 하는,
봉급 받는 손끝까지 절망스럽게 하는
아, 사라지지 않는 환영.
피나 시간으로도 지워지지 않는
가지 끝에서 가지 끝으로 따뜻하게 불어가는 바람으로도
아, 사라지지 않는다.
아무런 각성도 없는, 사실 부끄러움조차
잊고 사는 내게 5월은 사라지지 않는다.
사라지지 않아.
───「5월은 내게」부분

광주 5월은 그가 직접 최초로 느낀 역사적·사회적 중력이다. 그 중력은 위에 인용된 부분의 마지막 구절 "사라지지 않아"가 비명처럼 들릴 만큼 무거운 것이다. 그는 자신을 얽어매는 중력을 피할 수도 없고 피해서도 안되는, 진지하게 대면해야 할 것으로 느낀다. 여기서 그의

문학을 통한 상황과의 대면이 시작되고 생활을 책임지는 자로서의 현실과의 무거운 대면이 이루어진다. 그는 이 기간에 거의 시를 쓰지 못한다. 그가 이 기간에 느낀 현실의 중력이 얼마나 무거웠던가는 그의 시 곳곳에 나타나 있다.

> 문을 열어주는
> 빈손, 누구의 손보다
> 더 큰 손이여
>
> 전생의 내 빚까지
> 받으러 온 빚쟁이여
> 마침내 나를 차압하리라
> ——「마침내 빚쟁이가 나를」부분

> 네 생활 속의 한가지 관계를 위해, 그 엄청난 사소함을 위해
> 오늘밤도 단추 백화점 앞에 사람들이 전국 각지의 사람들이 몰려들지
> 사소한 일을 업으로 삼은 장사꾼, 사소하지만 전체인 자본의 손길이 몰려드는 거야
> 모두가 잠든 밤 2시에.
> ——「단추를 달까」부분

그를 얽어매는 중력은 생활이기도 하고, 자본이 촘촘하게 지배하는 현실이기도 하고, 혈연관계이기도 하고 역사적 상처이기도 하고 그 모든 것의 총체이다. 이 무거운

중력으로부터 그의 시가 다시 날아오르는 데는 「베란다 끝」에서 "화분 속에서 난이 자란다./1센티미터를 허공 속에 밀어올리기 위해/생명은 1억 톤의 피가 필요하다"라고 노래한 대로 정말 1억 톤의 피가 필요했다. 그의 시가 날개를 펴기 위해서 두 죽음이 필요했던 것이다. 그 하나는 앞에 인용한 「북한에 가고 싶지 않다」에 등장하는 북한에 사는 그의 할머니 운평댁의 죽음이다. 할머니의 부음을 접하는 아버지를 보면서 비로소 그는 아버지의 이곳에서의 삶이 뿌리 뽑힌 가짜의 삶이었다는 것을, 그 자신의 방랑벽이 아버지의 뿌리뽑힘이 어머니를 통해 자신에게 유전된 것임을 깨닫는다. 끝없는 떠남이 역사적 중력으로의 돌아옴이라는 이 지극한 자기모순 앞에서 그는 이 땅에서 살아가는 몸이 무거운 새들의 나는 법을 깨닫는다.

　날개 속이 돌멩이처럼 꽉 막혀 있다. 깃털 속을 흐르는 피까지 '살아 있는 화석'보다 무겁다. 사람들이 지상 10m쯤의 허공에 그어놓은 밑줄 —— 고가도로 —— 새들은 허공에 매달린 사람들의 길 위로 날아오르지 않는다. 허공에 던져진 돌멩이처럼 다시 지상으로 낙하하는 날개들이여.
　　　—— 「고가도로 밑의 비둘기에 대한 몇개의 단상」 부분

위의 시에 나오는 비만한 비둘기는 운명적으로 생활과 역사의 무거운 중력에서 벗어날 수 없는 이 땅의 사람들과 동일시된다. 이 비둘기들은 또 하나의 죽음, 즉 그 자신의 죽음이 없었다면 결코 진정한 비상을 할 수 없었을

것이다. 다혈질인 그는 생활과 현실의 모순 앞에서 심장을 앓으며 쓰러져 죽을 고비를 넘기고, 자는 사이에 죽을 지도 모른다는 불안감으로 불면의 밤을 지새우며 죽어야 하는 존재인 사람이 갖는 삶의 자유로움을 깨닫는다.

　고인 물이 무겁다. 산그늘 물에 잠겨 고요하고 아무도 보이지 않는다. 산들은 늙은 몸 안에서 끝없이 꽃들을 토해내고 꽃들이 떨어져 시간이 곪는다. 손가락에 든 가시는 아프지만 곪은 시간은 아프지 않아. 하늘을 헤아리지 않아도 나이 사십의 밤하늘에 별이 뜨고 더러 눈도 내리고 곪은 상처가 터져 꽃이 피더니 임종하는 법도 알 것 같다. 바람이 스쳐가는 인연도 알 것 같아. 마지막 생의 끝 시간, 그 끝에 앰뷸런스가 와 멎고 아직은 빈 채인 무덤 가에 개나리 피어 호남탄좌 가는 길 가에 한순간 세상이 밝았다.

――「한천 저수지」전문

　고여서 무거운 물, 산 등 지상의 중력에 속한 것들은 죽음을 통한 삶의 자유로움에 의해 한순간 밝아진다. 무거운 것들이 꽃을 토해낸다는, 죽음이 없으면 생기있는 삶도 없다는, 중력이 없으면 날아오름도 없다는 깨달음은 그가 이제 진정으로 나는 법을 배웠다는 것을 의미한다. 그에게 이제 중력과 날아오름은 하나이다. 따라서 그의 고향과 어린시절을 찾아가는 「문중산」「본적지」「탄맥」 등의 많은 시들은 중력에 대한 탐구이면서 동시에 날아오름에 대한 탐구이다. 그의 시는 항시 많은 이미지들이 뿌리처럼 뒤엉켜 무겁다. 이 무거움이 자체의 중압으로 그

125

한가운데로부터 생명을 밀어올린다. 1억 톤의 피가 필요했던 1센티미터의 단단한 날아오름은 이미 그의 시만의 날아오름이 아니라 어려운 시기에 엄청난 중력에 시달리고 있는 민족문학의 작지만 단단한 날아오름이다. 그의 무거운 시로부터 자체의 압력에 의해 솟는 난은 땅으로부터 자체의 중압에 의해 솟아오르는 미륵바위 같다. 부디 세상의 가운데서 함께 찌들리면서 세상을 구하는 민족문학의 미륵이 되거라.

후 기

늘 편안한 긴장감 속에 있었으면 좋겠다. 나를 둘러싼 세계의 불투명함을 해명할 수 있는 언어가 끝없이 생성된다면…… 속도와의 끝없는 혈전이다. 모든 것을 지워버리는 이 무서운 속도감 속에서 힘, 아니 감동은 무엇일 수 있을까. 감동은 있기나 한 것일까. 끝없이 버려야 하리라. 버리고 또 버리고 또 버리는, 그리하여 마침내 '실감'만이 남을 때까지. 10여년 만에 다시 시집을 묶는 쑥스러움을 좀체로 감당하기 어렵다.

떠나간 것들이여 잘 가거라. 아무것도 사라진 것은 없다. 다만 죽은 자들의 영역이 더 커져만 갈 뿐.

1995년 1월
이   영   진

창비시선 129
숲은 어린 짐승들을 기른다

초판 1쇄 발행/1995년 2월 1일
초판 3쇄 발행/2016년 11월 21일

지은이/이영진
펴낸이/강일우
펴낸곳/(주)창비
등록/1986년 8월 5일 제85호
주소/10881 경기도 파주시 회동길 184
전화/031-955-3333
팩시밀리/영업 031-955-3399 · 편집 031-955-3400
홈페이지/www.changbi.com
전자우편/lit@changbi.com

ⓒ 이영진 1995
ISBN 978-89-364-2129-8 03810